LES
ÉLECTIONS DÉPARTEMENTALES

EN 1867

LETTRES A UN ÉLECTEUR

PAR

A. DE LA BORDERIE,

Membre du Conseil Général d'Ille - et - Vilaine.

RENNES

IMPRIMERIE CH. CATEL ET Cie,

Rue du Champ-Jacquet, 25.

1867.

LETTRES

A UN ÉLECTEUR.

Rennes, 12 juillet 1867.

Monsieur,

Autrefois, sous Louis-Philippe, sous la République, c'était un usage constant que les élections départementales eussent lieu dans le mois de juin, et d'ordinaire dans la seconde moitié de ce mois. Même quand les Chambres tenaient séance à cette époque, on ne changeait pas cette date, dont il serait aisé de démontrer la convenance au point de vue des intérêts du pays. Or, on préférait alors les convenances des électeurs et du public à celles des candidats et de l'administration. Vieille méthode; on l'a changée.

Malgré sa majorité énorme au Corps-Législatif, le gouvernement actuel ne veut se priver pendant la session d'aucun de ses fidèles, et plusieurs de ses fidèles ayant l'intention de se présenter cette année comme candidats officiels aux élections départementales, le gouvernement a pris le parti de rejeter ces élections jusqu'après la session législative, à quelque époque qu'elle finisse. Et voilà comme il se fait que, chaque semaine, les journaux officieux indiquent une date, régulièrement démentie la semaine d'après.

Cependant, voici le budget qui se discute ; le Corps-Législatif a résolu de se séparer aussitôt après le vote du budget. Quoi que l'on puisse penser de cette décision qui ajourne jusqu'en novembre les réformes proclamées urgentes en janvier, il en résulte que les élections départementales ne peuvent plus tarder beaucoup, et que — selon toute apparence — d'ici un mois au plus tard la France va avoir à élire la moitié des conseilliers d'arrondissement et le tiers des conseillers généraux de chaque département.

Il est donc utile et même urgent de songer à ces élections ; c'est pourquoi je viens, Monsieur, d'après le désir que vous m'en avez exprimé, vous soumettre quelques réflexions sur ce sujet.

IMPORTANCE DES ÉLECTIONS DÉPARTEMENTALES.

D'abord, quelle est l'importance des élections départementales?

Elle est plus grande aujourd'hui que jamais.

Nul n'ignore quel développement ont pris depuis quelques années les idées de décentralisation. La décentralisation, c'est — en deux mots — *le gouvernement du pays par le pays* et par les hommes que le pays, dans la plénitude de sa réflexion et de sa liberté, a choisis pour représenter ses sentiments et pour discuter ses intérêts; et cela, de la base au sommet, de la capitale jusqu'à la plus petite commune, en passant par le département, l'arrondissement, le canton. C'est le seul moyen de soustraire la France, d'une part, à l'omnipotence bureaucratique qui étouffe tout, de l'autre, aux révolutions expédiées de Paris par le télégraphe, qui bouleversent tout.

C'est donc, dans ce qu'ils ont de plus essentiel, de plus juste et de plus incontestable, la mise en pratique des principes que la nation française inscrivit dans les immortels cahiers de 1789, et dont elle n'a pas cessé depuis lors de demander l'application loyale et complète. Car s'il est une chose que les Français aient voulu unanimement à cette mémorable époque, ç'a été assurément de soustraire leur destinée publique et privée à l'arbitraire, aussi bien à l'arbitraire des factions qu'à celui des individus. De 1792, de la Convention, de Napoléon procède la centralisation administrative et bureaucratique; des cahiers de 89 ou même (malgré ses erreurs) de l'Assemblée Constituante, jamais.

Et voilà pourquoi la cause de la décentralisation a rallié et rallie de plus en plus sur son terrain les libéraux et les hommes indépendants de toute nuance et de toute origine : les uns y voient la base la plus solide de la liberté, les autres la plus sûre garantie de l'ordre, — et tous ont raison.

Pressé par ce mouvement d'opinion, le gouvernement impérial s'est décidé à faire lui-même sur le terrain de la décentralisation quelques pas timides, — tout en s'attribuant très-haut, bien entendu, le mérite de l'initiative : car, s'il est ailleurs des gouvernements qui mettent leur gloire à accomplir les réformes indiquées par l'opinion publique, chez nous, c'est un dogme quasi-officiel qu'en dehors du gouvernement nul ne peut avoir l'initiative d'une idée qui vaille : cela est surtout défendu aux indépendants, aux opposants de tout degré et de toute couleur.

Sans juger cette prétention, particulièrement étrange sous un régime de suffrage universel, reconnaissons que deux lois récentes, votées en 1865 et 1866 (1), ont élargi d'une manière utile

(1) La loi sur les chemins de fer d'intérêt local en 1865, la loi sur les conseils généraux en 1866.

les attributions légales des conseils généraux,
surtout en ce qui regarde les travaux publics et
spécialement la voirie.

Le gouvernement, il est vrai, s'est réservé le
droit de suspendre, tant que bon lui semble-
rait, les mesures arrêtées par ces conseils. Il
est vrai aussi que toute l'administration dépar-
tementale n'en reste pas moins — contre sa nature — aux mains d'un agent direct du pouvoir
central, trop naturellement porté, par son origine et sa misson, à traiter les intérêts locaux
au point de vue des exigences variables, bien
ou mal entendues, de la politique du jour. Enfin, il est trop patent que les assemblées départementales sont privées depuis quinze ans d'une
faculté nécessaire à la pleine liberté de leurs
délibérations, l'élection de leurs bureaux. Et
l'on ne conçoit pas non plus pourquoi, depuis
le même temps, on a persisté à leur ôter la pu-
blicité de leurs séances et l'insertion au procès-
verbal du nom des délibérants : ne devrait-on
pas donner aux électeurs le moyen de juger
leurs mandataires sur leurs actes? Ne serait-il
pas juste aussi de mettre dans tout son jour
l'invariable dévouement de ces majorités départementales, aussi fermes à approuver tous les
préfets qui se succèdent que la majorité législative à applaudir bruyamment tous les ministres, toutes les politiques qu'on lui présente?

Malgré tout cela, il est sûr qu'un conseil général dont la majorité se composerait d'hommes
indépendants, éclairés, dévoués à la liberté et
au bien public, capables par conséquent de penser, de vouloir, d'agir par eux-mêmes sans attendre aucun mot d'ordre, un tel conseil ne
manquerait pas d'exercer sur l'administration

de son département une influence aussi heureuse qu'efficace.

Les conseils généraux ont d'ailleurs un autre mode d'action non moins important, non moins utile.

Par la loi de leur institution (la loi de l'an VIII), que la loi actuelle (loi de 1838) confirme, et que sanctionne depuis plus de soixante ans une pratique constante, « les conseils généraux « doivent non-seulement faire connaître au gou- « vernement les maux à réparer ou le bien à « faire dans chaque département, mais *ils doi- « vent* aussi, par des vues étendues, par des « idées d'*utilité publique*, préparer des *éléments* « *d'amélioration et de prospérité générale.* (1) »

Ainsi s'expriment d'un commun accord les deux ministres qui, à quarante ans de distance, ont eu l'un et l'autre l'honneur de veiller à la première mise en œuvre des deux lois constitutives des attributions des conseil généraux. Devant un tel témoignage, si autorisé, si explicite, que deviennent les sophismes avec lesquels on s'est tout récemment efforcé de mutiler le mandat de nos assemblées départementales, en leur refusant le droit de discuter et d'émettre des vœux d'un intérêt général ?

Ce droit, non-seulement il existe, mais — le document officiel que nous venons de citer l'atteste — c'est un *devoir* pour les conseils géné-

(1) Instruction de Chaptal, du 16 ventôse an **IX**, citée et adoptée par **M.** de Rémusat, ministre de l'intérieur, dans son rapport au roi sur les vœux des conseils généraux de 1839. (Voir *Analyse des vœux des conseils généraux*, session de 1839, édit. in-8°, pp. III, IV, XV.)

raux de rechercher, de formuler et de présenter au gouvernement les idées les plus propres à améliorer la situation générale du pays.

Certes, ce devoir a aujourd'hui de quoi s'exercer amplement.

C'est la liberté, qui attend, non-seulement depuis le 19 janvier dernier mais depuis quinze ans, la restitution de son droit de cité, méconnu et cependant imprescriptible.

C'est l'instruction publique, qu'il faut à tous les degrés promouvoir, répandre de plus en plus, mais par la liberté et non par le monopole.

C'est l'agriculture, pour qui l'on a fait l'année dernière une pompeuse enquête, mais pour qui, apparemment, on ne fera rien de plus, — ce qui ne la sauvera pas d'une nouvelle crise.

On pourrait longtemps encore prolonger cette litanie. Mais il y a au cœur de la nation, en ce moment-ci, une préoccupation, une inquiétude qui domine toutes les autres : c'est le projet de loi militaire, — loi funeste, qui épuiserait la France pour y entretenir, en temps de paix, *à perpétuité*, une armée de 800,000 hommes, une garde mobile de 400,000 ; qui donnerait au gouvernement le pouvoir de mettre sous les armes, du jour au lendemain, toute la jeunesse valide de 21 à 30 ans ; qui supprime les exemptions les plus justifiées, les plus nécessaires, de fils aîné de veuve, de frère aîné d'orphelins, de frère sous les drapeaux, etc ; qui dépeuplerait le pays et enlèverait à l'agriculture, déjà si pauvre de bras, ses dernières ressources.

Cette loi, on l'a dit avec raison, c'est l'effroi des campagnes, c'est le cauchemar de la France.

Hé bien, il faut le dire parce que c'est vrai :

1*

pour chassser ce cauchemar les conseils généraux (s'ils le veulent) peuvent beaucoup.

Que leurs membres se donnent la peine de recueillir ce que tout le monde pense et dit autour d'eux; qu'ils se fassent les interprètes fidèles de leurs électeurs; qu'une fois réunis, ils adressent, sous forme de vœux, au gouvernement des protestations énergiquement motivées contre le projet de loi militaire; que la moitié seulement des conseils généraux de France agisse ainsi, — et certes cette malheureuse loi sera bien malade. On peut prédire hardiment que le Corps-Législatif ne la votera pas, ou ne la votera qu'adoucie et très-supportable.

Mais, évidemment, l'administration, qui a présenté la loi et qui veut la faire passer afin d'avoir plus de soldats à sa disposition et plus de facilités pour faire la guerre, — l'administration, il faut s'y attendre, s'efforcera d'empêcher les conseils généraux de protester contre.

Que les électeurs y songent donc bien : que tous ceux qui ne veulent point de guerre, qui ne veulent voir augmenter ni le fardeau de la conscription ni le poids de l'impôt, choisissent pour les représenter au conseil général des hommes fermes, indépendants, d'une trempe solide, incapables de mollir quand il s'agira de défendre les vœux et les intérêts de ceux qui les auront choisis.

Avais-je donc tort de vous dire plus haut que l'importance des élections départementales est plus grande cette année que jamais?

II

DU SYSTÈME DES CANDIDATURES OFFICIELLES.

Depuis ma première lettre sur *les élections départementales,* le décret qui convoque les électeurs a paru ; les élections sont fixées au 4 août prochain. Je me vois donc forcé de hâter la suite de ces réflexions.

Le mouvement électoral est déjà ouvert ; les noms propres, les personnes vont se mettre en ligne. Or, pour ce que j'ai dit et pour ce qui me reste à dire, j'entends me tenir entièrement en dehors des questions de personnes, dans la région des idées et des principes.

Les personnes, je les respecte, je ne veux pas même les connaître ; mais les principes qui sont à mes yeux la vérité, l'unique garantie de la liberté, — c'est-à-dire, après tout, de la dignité de notre vie publique et privée à tous tant que nous sommes, Français du xixe siècle, — ces principes, quand je les vois publiquement méconnus, contredits, mis en oubli, il n'est pas de considération qui puisse m'empêcher de protester en leur faveur.

Le plus essentiel de ces principes, c'est la sincérité des élections.

On parle beaucoup de la souveraineté nationale, qui est en effet la base de tout notre système politique depuis 89; mais il ne suffit pas de la proclamer, de l'invoquer, il faut avant tout la respecter.

Or, dans l'usage ordinaire, la nation n'exerce sa souveraineté que par les mandataires (députés, conseillers de département et d'arrondissement, conseillers municipaux) que les citoyens élisent directement et qu'ils chargent de surveiller, de contrôler dans ses diverses parties l'administration des affaires publiques, remise tout entière aux agents du Pouvoir exécutif, qui, eux, ne procèdent point de l'élection, et, par conséquent, ne tiennent point directement leur mandat de la nation.

Donc, pour que la souveraineté nationale s'exerce réellement — dans les limites que les lois actuelles assignent à son exercice — il faut que le choix des mandataires électifs soit l'expression véritable de la volonté des électeurs. Pour cela, ce choix doit être libre, réfléchi, dégagé de toute pression extérieure, surtout de toute intervention directe et efficace des agents de l'administration : car si c'est le contrôlé qui choisit son contrôleur, le surveillé qui désigne son surveillant, — qui voudra prendre au sérieux un contrôle, une surveillance ainsi organisés? Et n'est-il pas clair, dès lors, que la seule voie réservée à la nation pour intervenir dans la gestion des affaires publiques se trouvera ainsi coupée, interceptée; la sincérité des élections — par suite, la sincérité de tout notre régime politique — passablement compromise?

Or, où en sommes-nous, en France, à cet égard?

Le choix d'un mandataire ne peut être l'expression d'une volonté libre et réfléchie, que s'il y a eu d'abord, de la part des mandants — c'est-à-dire ici des électeurs — examen, discussion, entente préalable. Mais comment les électeurs pourraient-ils examiner, discuter, s'entendre, s'ils n'ont pas — au moins en matière électorale — la pleine liberté de la presse, la liberté de réunion et la liberté d'association? Cependant, ces libertés que possèdent autour de nous tous les pays libres, nous ne les avons pas; nous avons en revanche, depuis l'Empire, ce que les autres pays ne possèdent pas, le trop fameux système des candidatures officielles.

Qu'est-ce donc qu'une candidature officielle? Est-ce seulement le gouvernement ou l'administration avouant plus ou moins ses sympathies pour tel ou tel candidat? Si ce n'était que cela, l'Empire ne pourrait guère réclamer le mérite de l'invention, car — à tort ou à raison — avec des formes diverses, sous tous les régimes, cela s'est fait et probablement se fera. Mais le système actuel est tout autre chose.

C'est l'administration, le gouvernement, l'Etat, se faisant entrepreneur de candidatures dans tous les colléges électoraux ou dans tous les cantons de France, se formant un point d'honneur de faire réussir chacun de ses candidats et employant résolument à cette fin tous les moyens, tous les agents, toutes les forces, que la nation lui a confiés — il faut le dire — dans un but très-différent.

Jadis, dans une élection, quels que fussent au fond ses sentiments, l'administration ne s'attribuait jamais que la position de juge du camp, et elle était obligée de garder cette attitude. Maintenant elle est à la fois juge du camp et combattant, et chaque fois qu'elle patronne un candidat officiel, fût-ce dans un simple canton, dans la plus petite commune, elle fait descendre avec elle dans l'arène, non-seulement un préfet ou un ministre, mais le chef de l'Etat lui-même, seul responsable d'après la Constitution.

La conséquence d'une situation aussi extrême, c'est que l'administration est condamnée à la dure nécessité de triompher *toujours* et à tout prix. Aussi dès qu'un candidat officiel est proclamé, tous les fonctionnaires, tous les agents de l'administration n'ont plus qu'une pensée, qu'un but : faire réussir sa candidature ; sous-préfets, maires, juges de paix, commissaires de police, instituteurs, percepteurs, employés de la régie, agents-voyers, cantonniers, gardes-champêtres, facteurs, débitants de tabac et buralistes, etc., font de cette candidature leur constante préoccupation, et se livrent à une propagande infatigable, dont il serait ici beaucoup trop long d'énumérer les moyens habiles, les coups hardis, les ressources de toute sorte. Voyez là-dessus le curieux livre de M. Jules Ferry (*la Lutte électorale en* 1863), la discussion des pouvoirs de la Chambre actuelle, et plus récemment encore les débats qui viennent d'avoir lieu au Corps-Législatif sur les budgets de la justice et de l'intérieur.

On ne soutiendra pas sans doute que cette manière de défendre les candidats qu'il adopte n'est pas spéciale au régime actuel. Qu'on relise, entre autres, dans le *Moniteur*, la séance du Corps-Législatif du 11 juillet dernier ; on y verra le ministre de la justice défendre comme tout à fait légitime la transformation des juges de paix en agents électoraux. Or, quiconque connaît un peu l'histoire de nos institutions, de 1814 à 1852, sait que tout fait de cette nature aurait, pendant cette période, entraîné infailliblement la nullité de l'élection où il se fût produit.

Donc, le candidat officiel a de suite à son service, pour soutenir sa cause, toutes les forces, toutes les ressources, tous les moyens d'influence que notre système de centralisation excessive met à la disposition du Pouvoir. De quelle énergie sont ces moyens, de quel poids ils pèsent forcément dans la balance du scrutin, chacun le sait; chacun dès lors peut répondre à cette question : Y a-t-il là, oui ou non, atteinte à la liberté des électeurs?

Mais le candidat patronné et officiel a de plus toutes les libertés dont manque le candidat indépendant, surtout celle qui serait la plus indispensable à ce dernier : la double liberté de réunion et d'association. S'il veut se faire voir aux électeurs, le patronné réunit le conseil municipal, les notables de chaque commune, et se présente à eux assisté (le plus souvent) du sous-préfet, qui soulage sa modestie en se chargeant de vanter ses mérites. S'il veut organiser un comité électoral même au-dessus de vingt personnes, l'administration l'y autorise, mais d'ordinaire il s'en passe : qu'a-t-il besoin de créer une association pour propager sa candidature? N'a-t-il pas déjà à son service l'association la plus vaste, la mieux organisée, la plus redoutable que l'on puisse imaginer, je veux dire tous les fonctionnaires, agents, employés indiqués ci-dessus, tout le personnel composant cette immense *confrérie administrative* qui tient le pays enlacé sous le réseau étouffant d'une centralisation omnipotente? — Si le patronné a besoin d'user de la presse et de placarder des affiches, l'administration lui communique le privilége de son *papier blanc* et toutes ses autres immunités.

En face de cet enfant gâté du Pouvoir, le candidat indépendant subit, lui, tous les délais, toutes les entraves dont notre législation a entouré depuis quinze ans l'usage de la presse. Pour lui, interdiction de convoquer la moindre réunion électorale, — et depuis le procès des Treize, impossibilité absolue de constituer le plus chétif comité...

Voilà comment le régime des candidatures officielles respecte, entre candidats, l'*égalité*, — cette pierre angulaire des principes de 89, celui de ces principes que le gouvernement affiche le plus haut et qu'implique aussi le plus strictement l'état démocratique de notre société.

La liberté et l'égalité électorales étant ce qu'on vient de dire, que devient la sincérité des élections?

Mais ce n'est pas tout. La lutte a eu lieu et — comme il est naturel avec des mesures si bien prises — le candidat officiel a triomphé. Le voici maintenant en fonction; puisqu'il s'agit d'élections départementales, il est devenu conseiller général par le vote des électeurs, mais aussi par le patronage du préfet; le voici assis à la table du conseil général, en face du préfet, dont il a pour mission d'examiner les actes, de régler les comptes, de réduire les budgets s'ils sont trop lourds, en un mot, de contrôler l'administration.

Et qu'est-il pour faire tout cela? Le mandataire légal de son canton, l'élu nominal de ses mandants; mais il est aussi et tout d'abord le patronné, c'est-à-dire — si les mots ont un sens — le protégé de l'administration préfectorale.

Or, j'accorde ici, et de grand cœur, aux candidats officiels toute l'honorabilité, toute l'indépendance de caractère que l'on voudra ; mais je pose au bon sens public cette simple question :

— Quelle idée peut-on se faire d'un contrôle, d'une surveillance exercée par un *protégé* sur son *protecteur*? N'est-il pas évident que plus le protégé sera délicat, honorable, plus il craindra d'être ou de paraître ingrat (1)? — Les personnes ici ne sont rien, la situation est tout.

Voilà toute la question, toute la difficulté ; je ne dis pas qu'elle soit pour tous complètement insurmontable ; mais j'affirme qu'elle est plus grande pour les fonctions de conseiller général que pour tout autre mandat électif, car il s'agit ici d'opérer sous les yeux mêmes et à l'encontre du préfet, c'est-à-dire du personnage qui tient entre ses mains tous les ressorts du système des candidatures officielles, et qui a la gloire, mais aussi la peine, de faire fonctionner lui-même ce tout-puissant mécanisme.

Quant à ma conclusion, la voici. Mettons de côté les personnes, qui toutes sont parfaitement honorables. Mais, au point de vue des principes, il est évident que quiconque veut conserver aux citoyens et à la nation une part directe et sérieuse, sinon dans la gestion, du moins dans le contrôle et la direction des affaires publiques,

____

(1) Je parle ici en général, car on sait qu'il existe, très-exceptionnellement, quelques candidats qui sont imposés d'en haut aux préfets ; ceux-là forment une classe particulière, mais fort peu nombreuse, dont les inconvénients sont d'une autre sorte.

— ici, particulièrement, des affaires départementales; — quiconque veut voir un jour se
réaliser ce *gouvernement du pays par le pays*,
premier but des réformes de 89, but final du
grand mouvement de décentralisation qui se
prononce de plus en plus dans l'opinion; quiconque enfin est jaloux de sauvegarder la liberté, l'égalité, la sincérité des élections, doit
voter, agir, travailler résolument contre toute
candidature officielle, non (encore une fois) à
raison des personnes, mais à raison du système,
dont les déplorables conséquences ne peuvent
que s'aggraver de plus en plus.

Le patronage officiel, — telle est donc la
première qualité que je demanderais à un candidat de n'avoir pas. Quant à la première que je
lui demanderais d'avoir, — si le temps, qui
nous serre déjà de près, me le permet, — je
vous dirai aussi quelques mots.

III

Un personnage fameux de la Révolution criait
à la France, en face de l'Europe coalisée : —
De l'audace! de l'audace! encore de l'audace!
— Pour moi, en face des périls du dedans et du
dehors qui menacent l'avenir du pays, je m'é-
crie sans hésiter : — *De la liberté! de la liberté!
encore de la liberté!* —

A en croire certains discours, nous aurions de
la liberté à revendre, et pour le nier il faudrait
résolument méconnaître nos institutions.

On l'a déjà dit : *le tout est de s'entendre.*

Voici par exemple M. Baroche, ministre de la
justice, qui, l'un de ces jours derniers, définit
la liberté « *le franc exercice des pouvoirs respec-
tifs* », et déclare que sans l'art. 75 de la Constitution de l'an VIII, c'est-à-dire sans le privilége
qui protège les fonctionnaires contre les conséquences légales de leurs actes illégaux, « *il n'y
a plus de liberté!* »

La liberté dont parle M. Baroche, qui res-
semble passablement, — d'après sa définition,
— à la liberté de l'arbitraire, et qui n'est dans
tous les cas que la liberté du pouvoir et de

l'administration, — oh, pour celle-là, nous savons trop qu'elle existe, qu'elle est complète.

Mais s'il s'agit de la liberté définie par les cahiers de 1789 et par la Constituante, de la liberté qui, pour chaque citoyen, « *consiste à pouvoir faire tout ce qui ne nuit ni aux droits d'autrui ni à la sûreté publique,* » — pour celle-là, c'est autre chose. Pour savoir ce qui nous manque à cet égard, il suffit de relire la récente discussion du budget, spécialement les courageux et éloquents discours de MM. Picard, Simon, Lanjuinais, Jules Favre, les piquantes et spirituelles ironies de M. Glais-Bizoin. Et si l'on vient m'objecter qu'on leur a répondu, je déclare que les réponses faites par les ministres renferment à mes yeux la plus complète, la plus irrécusable justification des critiques portées à la tribune par les députés indépendants.

Relisez ces débats si intéressants, si instructifs ; relisez les demandes formées en 89, l'énoncé de principes contenu dans la Déclaration des droits et dans le titre Ier de la Constitution de 1790 ; comparez, au point de vue libéral, les institutions actuelles de la France avec celles des peuples vraiment libres, Angleterre, Belgique, Hollande, Suisse, Etats-Unis, même l'Autriche et la Prusse : dites ensuite où nous en sommes en fait de liberté !

Dites si nous avons la liberté réelle, sérieuse, pratique, la liberté de droit commun, la liberté pour tous, qui dégage chaque citoyen des entraves, des tracasseries de l'arbitraire, qui ouvre à son activité et à sa passion du bien public un champ large et fécond, qui permet à toutes les opinions loyales et honnêtes de discuter au grand

jour toutes les grandes questions sociales et politiques, et d'arriver par là même à se connaître,
à s'entendre, à s'accorder; la liberté, enfin, qui
fait de la nation l'arbitre unique de ses desti-
nées, qui l'empêche de se voir plongée inopiné-
ment, sans son aveu, dans des entreprises de
fantaisie où l'argent s'engouffre par millions,
les hommes par milliers, — pour en arriver
souvent à un résultat ou fâcheux ou déplorable.

Cette liberté, elle est le seul terrain où puisse
se relever et s'affermir l'antique prépondérance
de la France sur toutes les nations du monde,
— le seul où les opinions qui divisent notre
pays puissent un jour se rencontrer, s'apaiser,
se donner la main, — le seul, enfin, où la vie
privée et publique de chaque citoyen puisse
trouver un abri sûr et digne.

Donc, si nous n'avons pas cette liberté, le
plus pressé, le plus urgent pour tout Français,
c'est de la demander, de la poursuivre, de l'ob-
tenir, — en usant de tous les moyens légaux.

L'un de ces moyens les plus directs, c'est le
choix des mandataires électifs.

Voilà pourquoi à tout candidat au conseil général je demande, pour qualité première, non-
seulement d'être indépendant de caractère et
de position, mais aussi d'être franchement,
loyalement et complètement libéral.

Je dis *complétement libéral*, car beaucoup s'af-
fublent de ce titre, qui n'y ont vraiment aucun
droit.

Il y a d'abord les libéraux de l'école de M.
Baroche, qui réclament la liberté du pouvoir;
c'est le libéralisme des Duruy, des Cassagnac,
et des députés de la rue de l'Arcade.

Il y a le libéralisme de MM. Guéroult, Havin et consorts, qui exclut de la liberté tous les catholiques.

Il y en a d'autres, je l'avoue, qui excluent à leur tour les hérétiques, schismatiques et autres dissidents ; ceux-ci excluent les hommes de la droite, ceux-là les hommes de la gauche, etc.

En un mot, nombre de gens veulent la liberté pour eux, et pour leurs adversaires les menottes ou le bâillon : loin d'être libéraux, comme ils s'en targuent, ce sont les pires suppôts de l'arbitraire.

Il n'y a de vrais libéraux que ceux qui veulent la liberté pour tous et partout, qui la réclament pour les autres, pour leurs voisins et leurs adversaires, comme pour eux-mêmes. Si vous voulez connaître leur programme, lisez le beau livre de M. Ed. Laboulaye, intitulé *Le Parti libéral*, — programme que, pour mon compte, j'accepte d'un bout à l'autre, sans en rien retrancher.

Le vrai libéralisme a cela de bon, qu'il embrasse tout et donne des garanties à l'ordre comme au progrès. S'il veut les libertés politiques (liberté électorale et parlementaire, liberté de la presse), il veut aussi la liberté administrative, c'est-à-dire la décentralisation, et toutes les libertés sociales : liberté de culte et de conscience, liberté de la charité, liberté d'enseignement dans toute son étendue, liberté d'association et de réunion. Il veut toutes ces libertés solidement assises, mais réglées par la loi, sans quoi, au lieu de liberté, on n'aurait qu'anarchie et désordre.

Le vrai libéralisme appelle et provoque toutes

les réformes propres à affranchir de plus en plus le travail, l'industrie, l'agriculture, le commerce. Mais, sous couleur de liberté commerciale, favoriser sur notre marché les produits étrangers au détriment des produits indigènes; — faire, comme l'a si bien dit un libre-échangiste (M. Léonce de Lavergne), de la protection à rebours, — voilà ce qu'il n'admettra jamais.

Il réclame, il favorise aussi toute mesure ayant pour but d'améliorer la condition des classes populaires; car là où le bien-être augmente, la liberté croît, — à la condition, toutefois, que l'on se préoccupe non-seulement du bien-être matériel, mais aussi de l'intelligence et de la moralité. — Et voilà pourquoi le vrai libéralisme est, par essence, l'appui le plus sûr de la religion, de la famille et de la propriété : d'autant qu'il sait que toute atteinte portée à ces grandes institutions est un pas vers l'avènement de ce socialisme autoritaire, où — l'Etat étant le seul pontife, le seul propriétaire, le seul maître — l'individu végèterait, courbé sous le plus avilissant despotisme.

Mais, dira-t-on, pourquoi remuer toutes ces questions à propos des élections départementales? C'est que, dans la sphère où ils se meuvent, les conseils départementaux touchent forcément à toutes ces questions. Et si ces questions ne sont pas examinées, discutées, résolues par des esprits libéraux, placés au point de vue de la liberté; si tout se borne à enregistrer, à sanctionner fidèlement toutes les propositions, toutes les idées de l'administration, — à quoi bon des élections départementales? à quoi bon des conseils? Pourquoi ne pas laisser pleinement à l'administration — qui n'a jamais douté de sa sagesse — ce que M. Baroche appelle « le franc exercice de son pouvoir? »

Pour quiconque ne se paie pas d'apparences, la situation ne serait guère pire, et elle aurait l'avantage d'être beaucoup plus nette.